GEORGES DARIEN et ÉDOUARD DUBUS

LES VRAIS

Sous-Offs

————⊸•)•0•(•⊷————

RÉPONSE A M. DESCAVES

————⊷•—0—•⊷————

> Il faut passer par la
> mort pour naître à la
> gloire.
>
> *Sergent* BOБILLOT.

75 Centimes

PARIS

NOUVELLE LIBRAIRIE PARISIENNE

ALBERT SAVINE, ÉDITEUR

12, RUE DES PYRAMIDES, 12

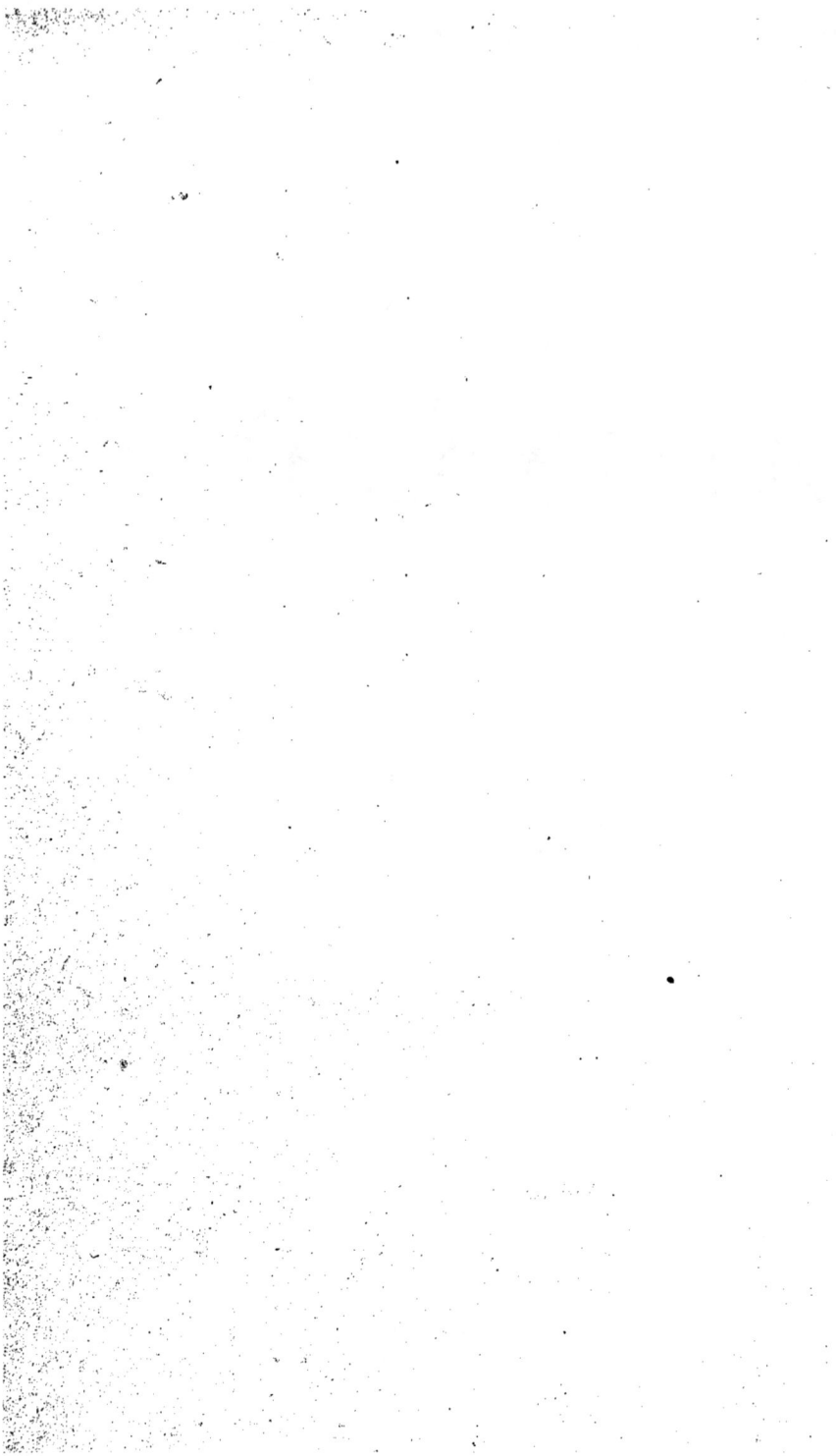

LES VRAIS SOUS-OFFS

GEORGES DARIEN et ÉDOUARD DUBUS

LES VRAIS

Sous-Offs

RÉPONSE A M. DESCAVES

> Il faut passer par la
> mort pour naître à la
> gloire.
>
> *Sergent* BOBILLOT.

PARIS

NOUVELLE LIBRAIRIE PARISIENNE

ALBERT SAVINE, ÉDITEUR

12, RUE DES PYRAMIDES, 12

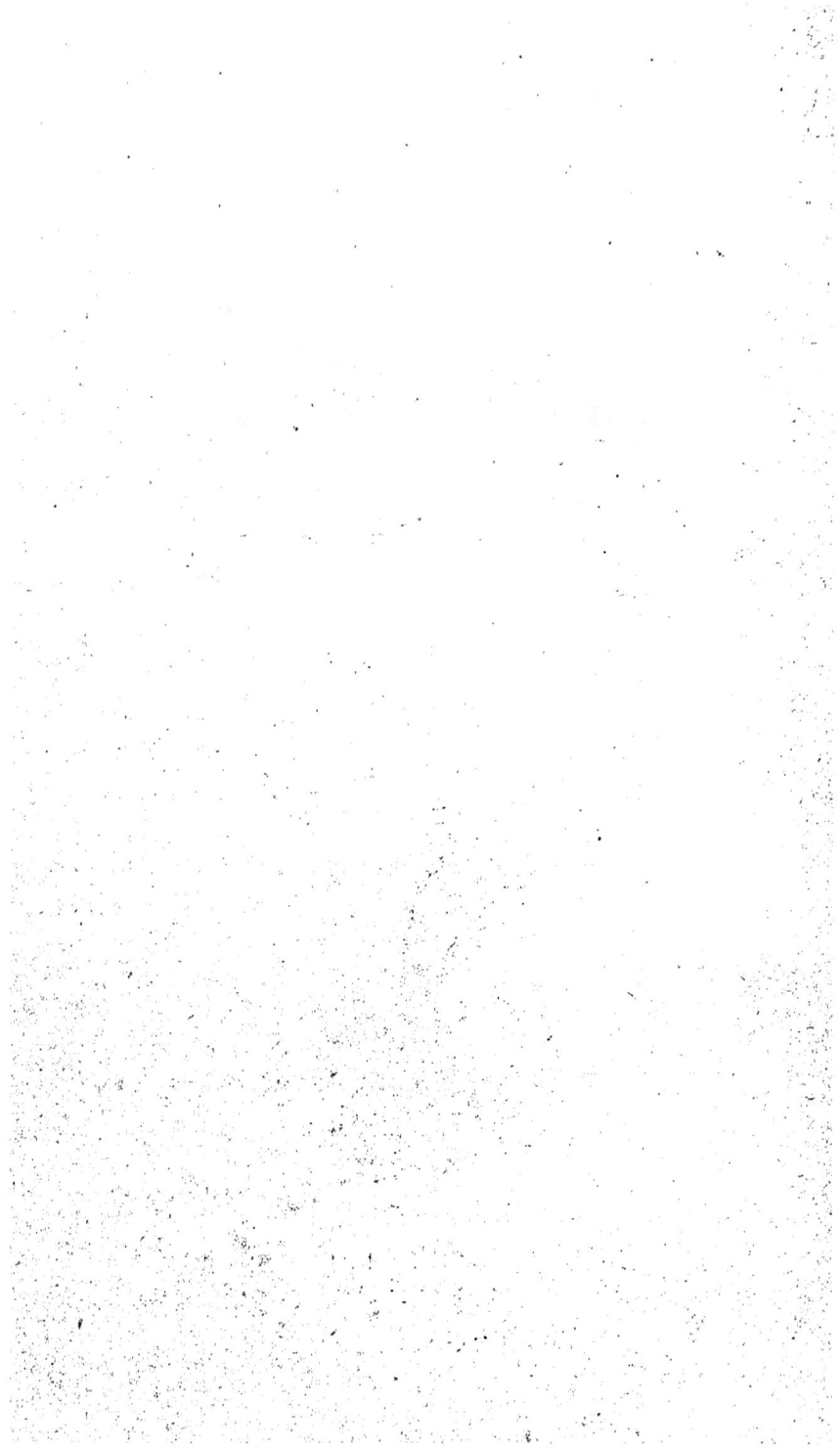

AUX SOUS-OFFICIERS

Des Armées de Terre et de Mer,

AUX GLORIEUX MUTILÉS

DONT LES MEMBRES

JONCHENT LES PAGES DE NOTRE HISTOIRE:

AUX INVALIDES, A L'ARMÉE, A LA PATRIE

Cette Œuvre de Réparation
est dédiée.

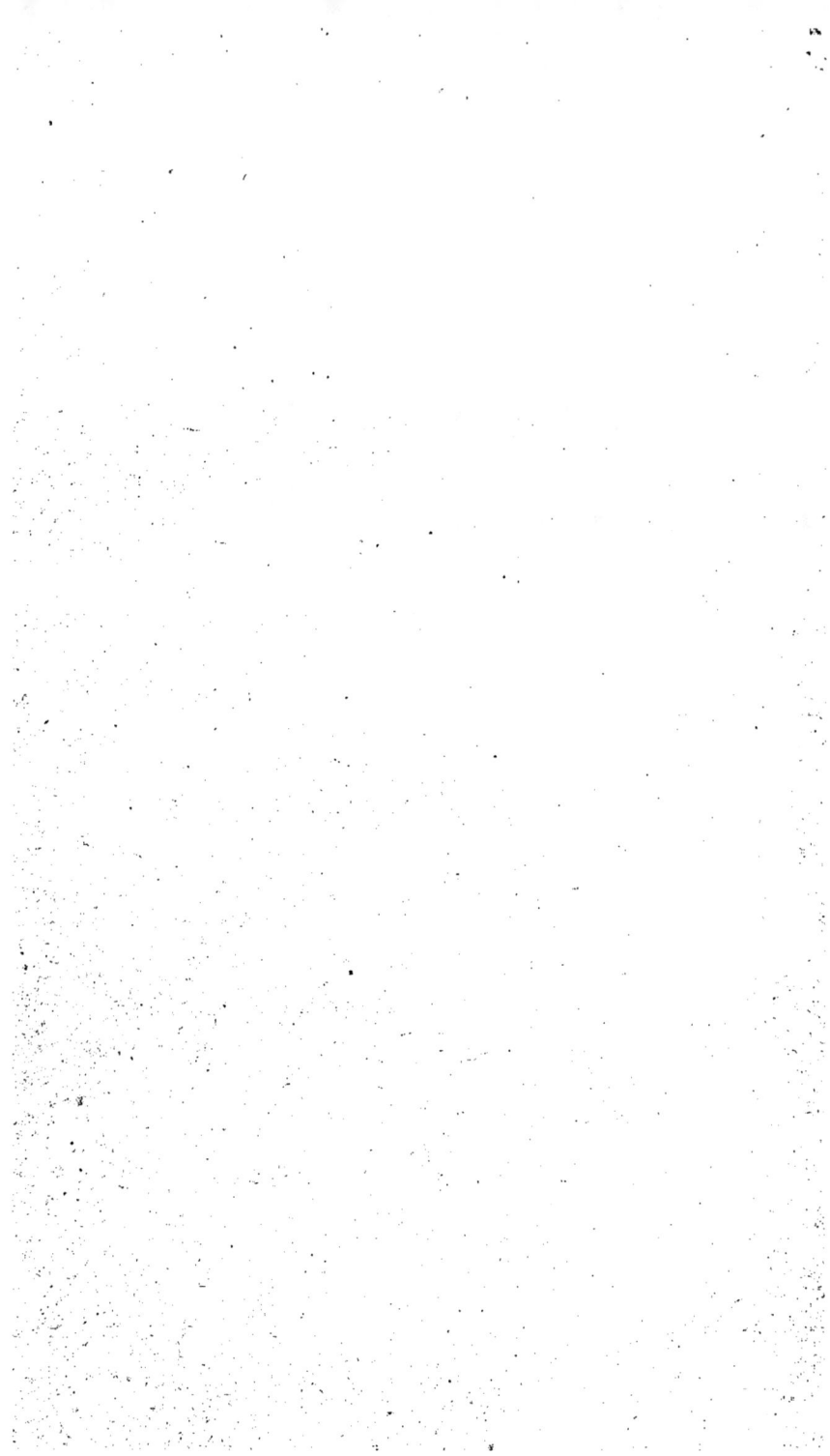

LES VRAIS SOUS-OFFS

A l'heure où l'ennemi nous guette par dessus la frontière ; à l'heure où la barbarie teutonne étire ses griffes, encore rouges de sang, vers la civilisation latine; à l'heure où un adversaire brutal médite d'étouffer sous le talon de sa botte notre génie national ; à l'heure lugubre où, devant les ambitions affamées du despotisme, va sonner peut-être le tocsin vengeur des dernières libertés, un homme s'est rencontré qui n'a pas craint de lancer la calomnie, comme un bélier destructeur, contre les remparts de la Patrie; qui n'a pas hésité à éclabousser de boue le drapeau tricolore ;

1.

qui a osé se rire de notre honneur et railler nos
espérances :

Il a insulté l'armée française !

Un livre scandaleux a paru, qui a la prétention
de faire un tableau fidèle de la vie des sous-officiers. Dans ce livre, il n'est question ni de dévouement, ni de courage, ni de désintéressement, ni
de loyauté. On n'y parle que de lâcheté, que de
mœurs honteuses, que de concussions. A en croire
ce livre, du caporal à l'adjudant, on ne trouve
dans les casernes que prévaricateurs, couards,
équivoques gredins...

Ce n'est pas la première fois, disons-le, en nous voilant la face, qu'un écrivain sans doute altéré de réclame, a déversé l'immonde injure, l'ignoble outrage, sur les défenseurs de nos foyers. MM. Péladan, Huysmans — il sent son Prussien, ce nom là — Abel Hermant, Perrin, Octave Mirbeau, Bonnetain, Robert Caze, ont voulu nous peindre, sous les couleurs les plus odieuses, cette vie d'abnégation, de renoncement et d'héroïsme discret, qui est celle des cadres de notre armée.

L'indifférence avait jusqu'ici fait justice de ces attaques haineuses inspirées par une basse rancune ou une étrange aberration.

Quant aux diffamés, ils avaient su montrer sur le terrain qu'on ne se jouait pas impunément de leur honneur.

Les honnêtes gens pouvaient croire que la leçon avait été comprise et que c'en était fini de cette campagne anti-française.

Ils se trompaient.

Ramassant toutes les infamies tombées au ruisseau, renchérissant sur elles, les aggravant encore, M. Lucien Descaves, puisqu'il faut l'appeler par son nom, est parvenu à forcer l'attention publique, par une accumulation d'outrages encore sans précédent.

Dans *Sous-Offs*, M. Descaves affiche l'outre-
cuidante prétention de nous donner la psycho-
logie du sous-officier.

A cet effet, il imagine un régiment, tout de fantaisie — et quelle fantaisie! — un régiment, où
les officiers paraissent à peine, où les sous-officiers, déchargés de tout contrôle supérieur,
s'abandonnent à des instincts mauvais, qu'aucune
autorité, ni morale ni hiérarchique ne vient
refréner.

Il en fait des rustres, des manants, sans édu-
cation, sans instruction, sortis des couches les
plus abjectes de la société, apportant au régiment

des mœurs de repris de justice, des habitudes de
souteneur.

Sans autre souci que celui du bien-être à satis-
faire à tout prix, remplaçant le sentiment du
devoir à remplir par un appétit effréné de jouis-
sance, ils mettent dans la poche des plus misérables créatures, des doigts crochus qu'ils n'hé-
sitent pas à plonger au besoin dans la caisse du
régiment.

Sans cesse occupés à parfumer d'odeurs ca-
nailles, dérobées dans des maisons louches, leur
peau qu'efféminent chaque jour des contacts dé-
gradants — une peau qu'ils marchandent sans
vergogne au Pays en danger — ils endorment un
temps volé à l'exercice de leurs fonctions dans la
paresse et l'ivrognerie.

Précisons. Etudions le roman de M. Descaves.
Portons le scalpel de l'analyse dans cette produc-
tion monstrueuse.

Ou plutôt, non! Qu'on ne nous accuse point ici
de partialité! Refrénons l'indignation qui fait
bondir le cœur de tout bon Français à la lecture
de ces pages maudites. Laissons la parole aux

organes autorisés de l'opinion publique. Quelque
doctrine politique qu'ils défendent, à quelque
parti qu'ils soient inféodés, ils se sont rencontrés,
cette fois, dans un sentiment d'unanime répro-
bation.

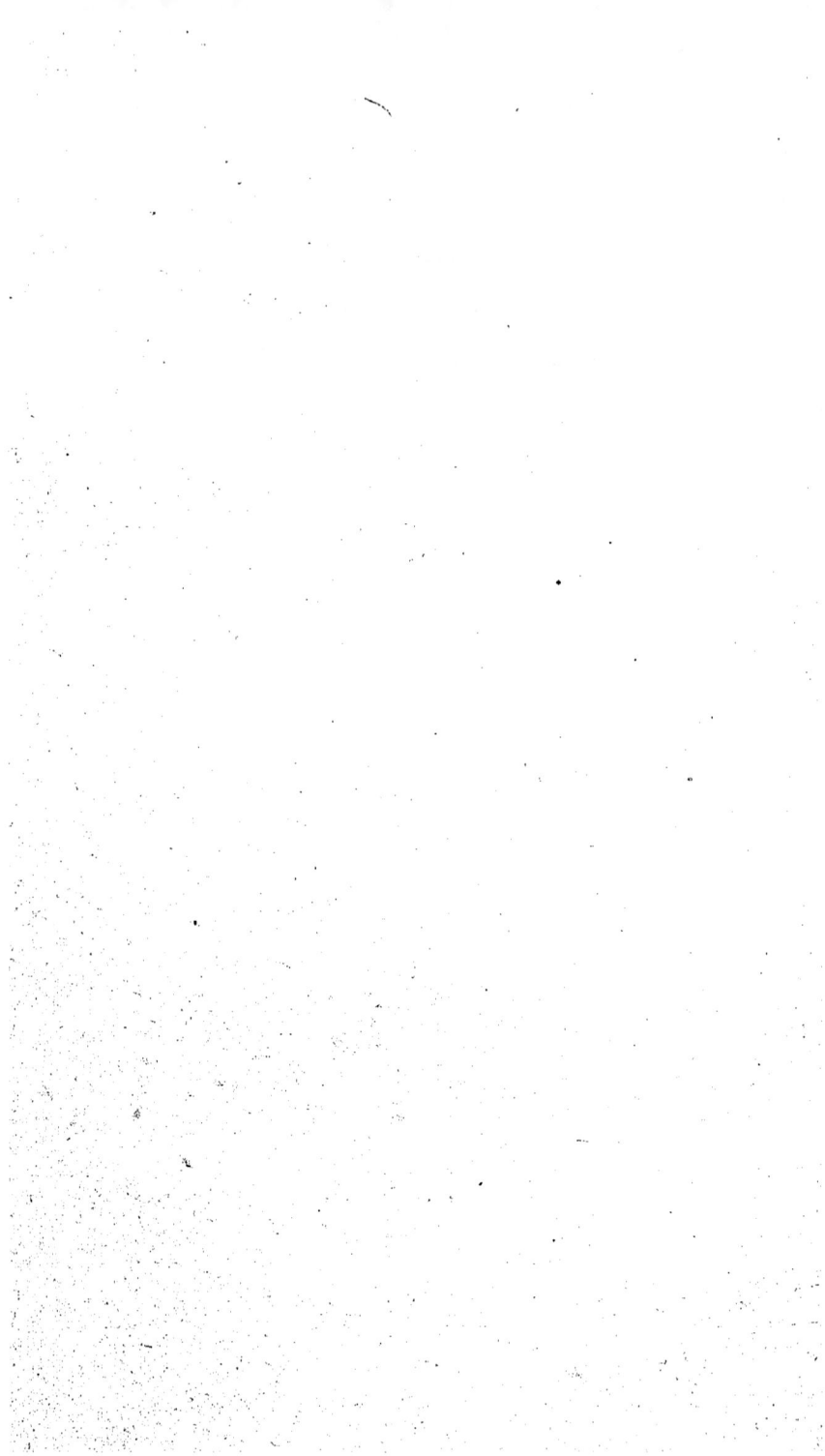

Monsieur Francisque Sarcey écrivait dans le *Parti National* du 15 novembre 1889 :

« Il a paru un volume de M. Descaves, qui a
« pour titre *Sous-Offs*. Je n'ai pu en soutenir la
« lecture jusqu'au bout. Elle est impatientante
« et parfois même révoltante. »

Dans la *Liberté* du 17 novembre, M. de Molènes,
ce judicieux critique, s'écriait :

« Quant aux mœurs infâmes, accompagnées
« d'escroqueries chez certains, laissons les con-
« seils de guerre en faire justice et *détournons*
« *les yeux.* »

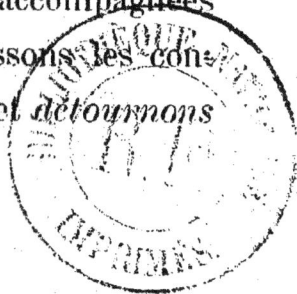

Oui! Mais quel est le conseil de guerre qui fera justice du calomniateur?

M. Scaramouche, le sosie de M. Henri Fouquier, publiait dans le *Gaulois* du 29 novembre, ces lignes où court un grand souffle patriotique :

« On vole dans la caserne, on s'y saoûle en
« payant les sous-officiers; et si on en sort, c'est
« pour vivre en d'ignobles et gratuites débauches
« dans de mauvais lieux. Et voilà l'armée! »

Nous lisons dans l'*Estafette* du 30 novembre, sous la signature transparente d'un anonyme.

« Qui touche à l'armée est un mauvais Français. »

Vous entendez, M. Descaves?

M. de Lyden s'exprime ainsi dans la *Patrie* du 5 novembre :

« Ce livre est un livre contre l'armée ; j'ajoute
« que c'est un livre contre la France. Et je ne se-
« rais pas surpris que M. de Bismarck lui infligeât
« le déshonneur d'être traduit en allemand, pour
« la plus grande édification de nos implacables
« ennemis ! »

M. de Lyden a été bon prophête : c'est fait!!!

M. LAISANT imprimait dans les colonnes de la *Presse* du 6 décembre l'appréciation suivante :

« Je ne crois guère à l'existence des mauvais
« livres Celui dont je veux parler aujourd'hui
« fait exception, car il est de nature à ralentir la
« grande œuvre de réconciliation nationale autour
« du drapeau, et à réjouir nos ennemis de l'autre
« côté du Rhin! »

Dans le *Paris* du 13 décembre, M. CHARLES LAURENT donne cet excellent conseil :

« Avez vous lu *Sous-Offs?* Non. Eh bien, ne le
« lisez pas! »

M. TONY-RÉVILLON, dans les colonnes du *Radical* du 15 décembre, flétrissait en ces termes les inventions nauséabondes de M. Descaves :

« *Sous-Offs* est une satire de l'armée. C'est la
« vie à la caserne, dans la brasserie de femmes
« et dans la maison de filles. Tous les soldats, dont
« nous parle l'auteur, sont des brutes... Et tous les

« sous-officiers qu'il nomme sont des voleurs et
« des souteneurs. »

Nous n'avons rien à ajouter à une appréciation
aussi judicieuse.

M. PAUL DE CASSAGNAC, dans l'*Autorité* du
13 décembre, se montrait sévère mais juste :

« Pour ce livre, il ne faut pas de circonstances
« atténuantes. On doit le flétrir comme doivent
« être flétries les œuvres qui s'attachent à détruire
« ce qu'il y a de plus respectable au monde, ce
« qu'il y a de plus sacré après Dieu, après la fa-
« mille, l'ARMÉE enfin ! »

« *Le feu seul peut épurer une telle œuvre en*
« *la détruisant.* »

Plus d'un soldat a déjà dû lancer au feu, après
en avoir parcouru la première page, le volume
dont il s'agit.

M. CARLE DES PERRIÈRES, dans le *Gaulois* du
12 décembre, s'adresse à M. le ministre de la
guerre :

« Je suppose, M. le ministre, que votre désir
« est d'avoir une armée vigoureuse, instruite,
« brave, et fière de son uniforme... Votre mis-
« sion est de la faire respecter sur l'heure, de la
« mettre à l'abri des insultes du ruisseau. »

Cet appel éloquent a été entendu.

Dans le *XIXe Siècle* du 15 décembre, M. FRAN-
CISQUE SARCEY écrit en ces termes émus à M. SAINT-
GENEST du *Figaro:*

« Le régiment a été pour vous, mon cher Saint-
« Genest, ce qu'a été pour moi l'Ecole Normale,
« avec cette différence tout à votre avantage que
« l'Ecole Normale n'est après tout qu'une coterie
« de professeurs, tandis que l'armée c'est la
« France ! »

Il est réconfortant d'entendre de pareilles vé-
rités exprimées dans un pareil style.

Dans la *France* du 17 décembre, nous trouvons sous la signature de M. MERMEIX :

« Les poursuites contre M. Descaves sont fà-

« cheuses, parce que, le jour où il se défendra
« devant le jury, les CORRESPONDANTS ALLEMANDS
« seront tous à leur poste dans la salle. »

Nous trouvons dans la *Petit Journal* du 17 décembre :

« On compte dans l'armée 30,000 officiers,
« 100,000 sous-officiers. Si l'auteur du livre en
« question veut faire un peu de statistique, il
« verra que l'armée, au point de vue du caractère,
« est encore l'école qui développe au plus haut
« degré les sentiments d'honneur et de mora-
« lité. »

La statistique : c'est le salut, c'est le droit !
Faites-en, M. Descaves.

Après avoir cité des passages de *Sous-Offs*,
M. PAUL BLUYSEN, écrivait dans la *République
Française* du 15 décembre :

« Ces citations qui font bondir tout Français
« appelé à servir le pays en quelque contrée que
« ce soit, ne suffisent pas encore à prouver com-

« bien est fausse et écœurante l'œuvre de M. Des-
« caves. »

Dans le *Gil Blas* du 21 décembre, M. CHARLES
LESER donne cette appréciation:

« C'est l'armée que M. Descaves a outragée, et
« l'armée ne peut pas avoir d'autre avocat que
« son chef. C'est une honte déjà qu'elle ait besoin
« d'un avocat. »

En réponse à une sorte de protestation en fa-
veur de *Sous-Offs*, M. DE CASSAGNAC, dans l'*Autorité* du 26 décembre, revient sur un sujet qui
l'écœure profondément :

« J'ose croire que le gouvernement repoussera
« honteusement cette levée de plumes d'oie. Il
« nous plait, à nous, de défendre contre vos pré-
« tentions exorbitantes l'âme de la France ! Nous
« vous défendons d'y toucher, vous entendez. »

C'est ce qui s'appelle clouer d'un seul coup le
bec à la plume des folliculaires.

Dans le *Matin* du 9 janvier 1890, M. JULES

Simon, jugeant qu'il n'est jamais trop tard pour dire une bonne chose, s'écrie :

« Le collège préparera la caserne, *c'est parfait*.
« Que la caserne, à son tour, RAPPELLE UN PEU ET
« CONTINUE LE COLLÈGE. »

Dans l'*Éclair* du 9 janvier, M. Camille Doucet, de l'Académie française, dans sa passion pour la considération, reproche à M. Descaves les moyens qu'il y a employés pour s'assurer un succès de mauvais aloi :

« Je n'ai pas lu *Sous-Offs*. Mais l'auteur a choisi
« un excellent moyen de forcer l'indifférence et
« de s'imposer à l'attention publique. »

Dans la *République Française* du 9 janvier, M. Albert Delpit, un de nos illustres romanciers, donne l'appréciation suivante ;

« Le roman de M. Descaves n'est qu'une lan-
« terne magique, où passent et repassent des bons-
« hommes grotesques et répugnants. Ce sont des
« caricatures... Je comprends qu'on aille de temps

« en temps dans un mauvais lieu, mais,
« vrai ! ça « me fatiguerait d'y passer ma vie
« tout' entière. »

C'est la leçon de l'expérience.

Assez de citations. Nos lecteurs sont édifiés sur la portée de *Sous-Offs*. Personne n'a été dupe de ce roman et l'opinion publique s'est chargée d'infliger à M. Descaves le démenti le plus sévère.

C'est une rude leçon, mais elle n'est point complète. A chacune des accusations échappées à une plume aigrie par la rancune, il ne suffit pas de répondre par une négation : une affirmation est nécessaire.

Il est temps d'élever une digue indestructible devant le flot débordant d'injures, d'imputations calomnieuses, qui tente de submerger l'honneur de notre armée.

Aux faits imaginaires avancés par l'invention malade du malsain pamphlétaire, nous allons opposer des faits historiques, des faits indiscutables, des faits qui prouveront qu'aujourd'hui, comme par le passé, il y a dans l'âme du *Sous-Offs* autre chose que de la sanie et de la boue !

Où M. Descaves trouve couardise et lâcheté, nous allons montrer bravoure et héroïsme.

Où M. Descaves trouve concussion et vol, nous allons montrer abnégation et sacrifice ;

Où M. Descaves trouve des vices honteux et des mœurs infâmes, nous allons montrer une tempérance parfois stoïque et de généreuses passions.

Où M. Descaves trouve l'égoïsme le plus abject, nous allons montrer la France !

« On demandait des volontaires pour le Tonkin.

« ... Les gradés devaient faire l'objet d'un état
« ad hoc.

« Au déjeuner des sergents, les fourriers qui
« venaient d'assister à la lecture du rapport, dans
« les chambres, divulguèrent l'*impression géné-*
« *rale :*

« — C'est un four. Un seul sous-officier s'est
« fait inscrire : l'adjudant Rupert.

« — *Parce qu'il sait qu'on ne le prendra pas,*
« avec sa maladie.

« — Oui, mais vis à vis des **chefs,** c'est adroit.
« On discutait surtout l'abstention du seul ser-

« gent rengagé que possédât le bataillon, Vau-
« bourgeix.

« — Vaubourgeix! dit quelqu'un, on devrait
« l'envoyer là-bas d'office. C'est son métier, n'est-
« ce pas? Mais voilà *ceux qui restent au ré-*
« *giment lui donnent non leur peau,* MAIS LE
« POIL QU'ILS ONT DANS LA MAIN...

« ... Quant aux hommes, les quatre compagnies
« réunies n'en fournissaient que huit. On cita
« deux caporaux récemment cassés de leur grade,
« deux engagés volontaires, deux découcheurs te-
« naces, actuellement en prison, un ivrogne et
« une forte tête.

« ... — Leur Tonkin, on l'a quelque part !

« ... Et, sous ce raisonnement en façade, sous
« ces prétextes décoratifs, une inquiète lâcheté
« s'aménageait, se terrait dans les caves de l'âme,
« ou bien apparaissait aux fenêtres du for inté-
« rieur, aux lucarnes du corps, fardée, tremblant
« pour la bâtisse, criant éperduement, par la bou-
« che et par les yeux, son *insatiable amour de la*
« *peau...* »

Sans la crainte d'être accusé de parti pris et d'exagération en affirmant que *Sous-offs* représente notre armée, comme un ramassis de lâches, jamais nous ne nous serions permis de citer les lignes honteuses qui précèdent.

Nous ne voulons pas les discuter. Notre histoire militaire tout entière crie au mensonge et s'inscrit en faux.

Depuis qu'il y a des sous-officiers, les exemples de courage, les traits d'héroïsme ne se comptent pas.

N'était-ce pas un *sous-off,* ce grenadier qui, à l'assaut de Prague, monta le premier sur les remparts et assura la capture de la ville par l'héroïque Chevert ?

Dans la même campagne (1745 à 1748), lorsque Chevert fut obligé d'abandonner la ville de Moncalvo, il y laissa, dit le duc de Broglie, à qui nous empruntons ces lignes, ses blessés et ses malades, en les recommandant à la clémence du vainqueur, qui, entrant dans la ville sans résistance, n'aurait eu aucune raison pour maltraiter des infortunés. Mais avant que les Piémontais eussent

paru devant les remparts, un de ces pauvres aban-
donnés, un sergent, qui portait le nom de guerre
de Va-de-bon-cœur, se soulevant sur son grabat
et se retournant vers ses compagnons : « Camarades, leur dit-il, est-ce que nous allons nous
rendre sans souffrir au moins pour *deux liards*
de siège? » Et il leur fit comprendre que, moyen-
nant quelques vieilles pièces de canon rouillées,
mises en place sur les remparts, on pouvait faire
un simulacre de défense qui leur donnerait droit
aux conditions d'une capitulation honorable. Aussitôt dit, aussitôt fait, et quand le baron de Leutrum arriva aux portes de la ville, il fut reçu, à
sa grande surprise, par une décharge d'artillerie
qui mit quelques-uns de ses hommes hors de
combat. Touché lui-même de ce trait d'énergie,
il fit tout de suite offrir à ces défenseurs impro-
visés de leur accorder le traitement qui leur con-
viendrait. « Non, répondit Va-de-bon-cœur, nous
ne nous rendrons pas que vous n'ayez fait une
tranchée, ne fût-elle que de la longueur de ma
pipe. » Leutrum se prêta à la plaisanterie, et après
une heure de bombardement assez mollement

opéré, il accorda aux assiégés une capitulation
qui leur permettait de sortir avec les honneurs de
la guerre. Le régiment des infirmes défila alors
devant lui, chacun portant, en guise des armes
qu'il n'aurait peut-être pas été en état de soutenir, quelque signe de sa maladie ou de sa bles-
sure : celui-ci brandissant sa béquille, cet autre
le bras en écharpe, quelques-uns montés sur les
épaules de leurs camarades, et ce fut dans cet ap-
pareil qu'ils rejoignirent l'armée française, où ils
furent reçus avec de joyeuses acclamations.

N'était-ce pas un sous-off, encore, que ce sergent Dubois, qui, avec le chevalier d'Assas,
poussa, à Klostercamp, un cri héroïque et légendaire, qui lui valut la mort : « A moi, Auvergne,
ce sont les ennemis! »

Mais qu'est-il besoin de citer des exemples em-
pruntés à l'histoire du siècle dernier? Sans parler
des quatre sergents de la Rochelle, les récentes
guerres sont pleines de traits d'héroïsme accomplis par des sous-officiers.

Le 4 juin 1853, à Magenta, l'adjudant Savière

du 2e bataillon des zouaves, s'élance sur un porte-drapeau autrichien et a la gloire de s'emparer de l'étendard ennemi.

Le 24 juin 1859, c'est le sergent Garnier, de la 1re compagnie du 10e bataillon de chasseurs, qui s'empare du drapeau du 60e de ligne autrichien.

Au Mexique, à l'affaire du Borezzo, un drapeau est enlevé par le sergent de grenadiers Picarent. Le fourrier Besançon, le 28 janvier 1865, s'empare d'un drapeau de la division Rojas.

A la bataille de l'Alma, le sergent-clairon Gesland, le poignet brisé par un boulet, se fait amputer, et revient se placer à la tête de ses clairons.

Est-il besoin de retracer les exploits du sergent Blandan en Algérie? La France reconnaissante élevait hier un monument à sa mémoire, et le récit de ses exploits est encore dans toutes les bouches.

C'était aussi un sous-off, que ce sergent Bobillot, tombé au champ d'honneur, dans ce Tonkin dont, au dire de M. Descaves, les Français ont peur, et où ils ne vont point.

Savez-vous ce qu'il écrivait dans une lettre, la dernière peut-être qu'on ait reçue de lui :

« Moi, je rêve de quelque grand projet irréali- « sable, d'une flèche iroquoise, d'une fièvre jaune « ou d'un chemin de fer transatlantique.

« ... Il *paraît qu'il faut passer par la mort* « *pour naître à la gloire.*

« Je voudrais mourir comme Chénier sur l'é- « chafaud, comme Dolet sur le bûcher, comme « Mürger à l'hôpital. Mais l'hôpital est encore si « peu. Oh ! qu'il vienne une guerre sibérienne, « chinoise ou patagonienne, mais qu'elle vienne « et que j'y tombe : *je me relèverai roi.* »

Dans un court billet, écrit à la veille de sa mort, il disait encore :

« J'AI LE PRESSENTIMENT JOYEUX QUE JE NE RE- « VIENDRAI PAS EN FRANCE... »

Et l'illustre sergent Hoff, le héros du siège du Paris, qui attend aujourd'hui, entre le revolver d'honneur qui lui a été offert, et ses bottes déjà graissées pour le départ, l'heure où il faudra mar-

cher pour la Revanche, savez-vous en quelle
estime le tiennent ses chefs hiérarchiques?

Le général Le Flô, dans une lettre datée de
9 mars 1873 raconte ce qui suit :

« Chaque fois que je l'ai vu, il m'a touché par
« sa simplicité, sa modestie, et j'ajoute : par son
« désintéressement. Au moment de quitter Paris
« pour essayer de porter une lettre de moi au
« maréchal Bazaine, et ayant reçu la promesse
« d'une récompense de 20,000 francs, s'il me rap-
« portait une réponse à cette dépêche, il me dit :
« merci, mon général, mais permettez-moi de re-
« fuser toute récompense pécuniaire, je ne veux
« pas d'argent. »

Nous pourrions multiplier à l'infini de pareils
exemples. Il n'est pas un de nos régiments qui ne
possède les noms de sous-officiers inscrits sur son
livre d'or. Nos annales sont remplies d'actes d'héroïsme, car le soldat français n'a pas son égal au
monde. Il sait obéir et mourir pour son pays et
il aura toujours pour devise ces deux mots gravés
dans son cœur : « Honneur et Patrie ! »

Ne vous rappelez-vous point, M. Descaves, vous qui avez eu l'honneur de porter l'uniforme, avoir entendu, le soir, les conteurs ordinaires des chambrées, enthousiasmer leur auditoire avec le récit dramatique des exploits accomplis par quelqu'un des sous-officiers légendaires dont nous avons cité les noms?

Ah! Ce n'est pas le vôtre qu'ils citeront, soyez en sûr! Ceux qu'ils citent ont trouvé la gloire par l'héroïsme avant que vous n'ayez atteint à la célébrité par le scandale...

A votre âge, Monsieur, Bobillot était mort!!

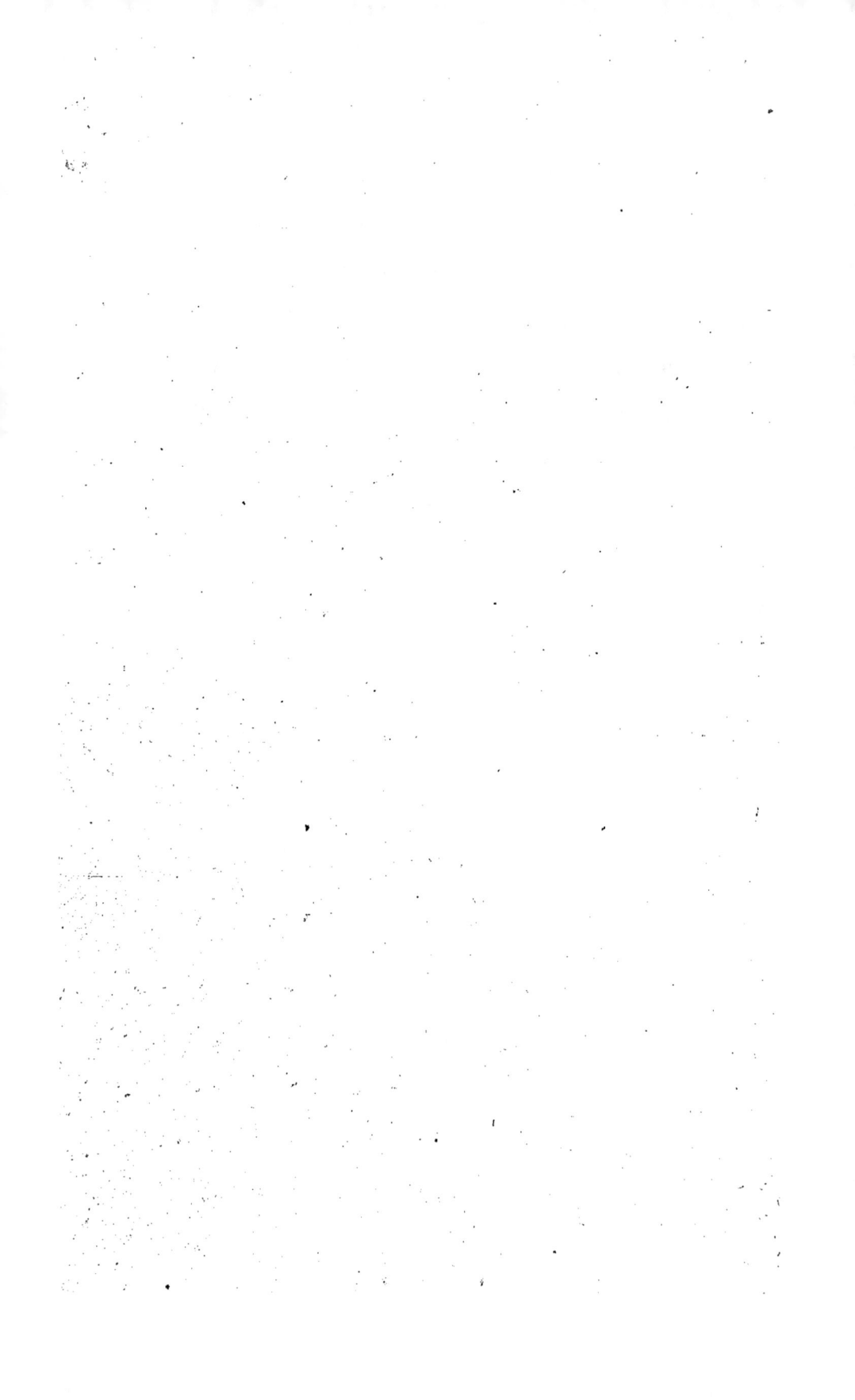

S'il a été facile de convaincre M. Descaves de mauvaise foi, alors qu'il accusait nos sous-officiers de lâcheté, il ne sera pas moins aisé de le confondre, alors qu'il essaye de les flétrir en leur reprochant le vol et la concussion.

« C'était, de la part du fourrier, écrit-il à la
« page 56 de son libelle, les semaines de distri-
« bution, un rabiau minutieux sur le pain, sur le
« sucre et le café livrés au percolateur, sur le vin
« fourni par l'ordinaire, sur les étiquettes de pa-
« quetage et de râtelier d'armes, sur les permis-
« sions *établies*, vendues aux *bleus*.

« Toute l'ignominie de l'exploitation des gra-
« des, toutes les rotteries de l'intimidation, des

« responsabilités esquivées, déplacées ; le CYNISME
« DANS L'ESCROQUERIE ET LA LACHETÉ DANS LE DÉ-
« POUILLEMENT — les deux nouveaux fourriers
« firent ce honteux apprentissage à bonne école... »

Il faut supposer dans le lecteur l'ignorance la
plus profonde des lois et règlements militaires
pour oser lui imposer de pareilles allégations.

Est-ce que, dans l'armée, l'examen le plus ri-
goureux ne s'étend pas aux faits les plus mi-
nimes ?

Les sous-officiers donnent le prêt irrégulière-
ment, prétend M. Descaves.

Est-ce que, s'il en était ainsi, les soldats hésiteraient à réclamer, avec d'autant plus de certi-
tude d'être écoutés, sans courir le moindre risque,
que le sergent-major prévaricateur serait immédiatement cassé ?

Est-il nécessaire de discuter des histoires de
compromissions indignes avec les fournisseurs ?
Mais les denrées fournies par ces derniers ne
sont-elles pas soumises à l'examen scrupuleux
de la commission des ordinaires ?

Est-ce que la sollicitude paternelle des chefs de corps, qui s'intéresse aux plus infimes détails de l'existence du troupier, ne peut pas contrôler à l'improviste la gestion de l'ordinaire, et rectifier immédiatement une erreur, d'ailleurs improbable?

Le décret du 28 décembre 1883, portant règlement sur le service intérieur des troupes d'infanterie, porte en termes exprès au paragraphe 9, chapitre premier :

« Le colonel a la haute surveillance des ordi-
« naires du régiment. Il détermine le mode de
« gestion à suivre d'après les instructions du
« commandement et suivant les circonstances
« locales. Il provoque la concurrence entre les
« fournisseurs, il recourt à l'intervention des au-
« torités municipales, du sous-préfet et du préfet,
« lorsque le régiment éprouve des difficultés pro-
« venant de coalitions ou de collusions.

« Il fixe le versement à faire à l'ordinaire, de-
« mande des ordres au général de brigade au
« sujet du taux du boni, veille à la formation
« judicieuse des fonds d'économie et s'assure que

« la somme qui dépasse le maximum fixé est
« déposée dans la caisse du trésorier (art. 90). »

Ainsi, rien n'échappe à l'œil vigilant du colonel.

N'est-elle pas légendaire au régiment, la visite
de cet officier supérieur dans les cuisines ? Qui
ne l'a pas vu goûter diligemment au succulent
bouillon qu'on prépare pour les hommes ?

M. Descaves a vraiment de l'impudeur lors-
qu'il vient vous raconter que sous-officiers et
bouchers s'entendent comme larrons en foire pour
empoisonner nos soldats avec des viandes de re-
but !

Et d'ailleurs, la condamnation sévère qui, tout
dernièrement encore, frappait des misérables,
coupables d'avoir fourni des vivres avariés aux
troupes du camp d'Avor, est un exemple saisissant,
présent à toutes les mémoires, de la surveillance
exercée par l'autorité militaire pour rendre im-
possibles les faits avancés sans vergogne par l'auteur de *Sous-Offs*.

Il n'a pu dissimuler sur ce point, comme sur bien d'autres du reste, la fragilité de ses arguments. Il a senti trembler sous ses pieds, comme le sol de l'Etna à la veille d'une éruption, le terrain sur lequel il se plaçait. Aussi a-t-il employé, à l'appui de sa thèse, un artifice subtil, un stratagème de composition, que nous ne saurions trop flétrir.

A côté d'une foule de sous-officiers, qu'il habille en gibier de Cour d'Assises, et pour nous faire croire à une impartialité dont nous ne sommes pas dupes, il a tracé le portrait d'un adjudant intègre.

Le piège est grossier, et personne n'y a été pris.

Il aurait fallu, pour le tendre avec quelque chance de succès, que M. Descaves ne couvrit point de ridicule, en nous le peignant comme un esprit borné, le seul honnête homme qu'il ait daigné voir dans l'armée.

Ah, certes! en mettant en scène l'adjudant Boisguillaume, qui vit modestement à la caserne, passant entre son épouse et son sabre les rares instants que lui laisse l'accomplissement de ses doubles devoirs, on avait une belle œuvre à faire.

C'est une œuvre de haine qu'on a perpétrée !

Ah ! la haine !!...

Combien il eut mieux valu, pourtant, ne pas se laisser aveugler par la rancune, et voir les choses telles qu'elles sont.

Mais, vous n'avez donc jamais assisté, M. Descaves, au défilé prestigieux de nos braves troupiers, à Longchamps, le 14 juillet ?

Le colonel en avant, précédé des tambours et

des clairons, les capitaines à la tête de leurs compagnies, nos braves sous-officiers en serre-file, les régiments, sous les plis claquants du drapeau qui semble rire à la victoire, aux mâles accents de la Marseillaise, défilent devant les représentants de la Patrie !

Si vous aviez assisté à ce spectacle grandiose, M. Descaves, vous auriez appris, à l'allure martiale, à la belle tenue, à la santé radieuse, à l'héroïque gaîté de nos soldats qu'il ne peut y avoir place dans leurs rangs pour toutes les plaies honteuses que vous avez voulu nous y montrer!

Et puis, prenez y garde, M. Descaves. En accusant les mœurs de l'armée, en taxant d'immoralité ceux qui sont ses véritables instructeurs, vous jetez l'injure à la France tout entière.

L'uniforme, tout le monde le porte, aujourd'hui. Les galons, ils sont l'apanage des plus dévoués et des plus dignes ; tous peuvent y prétendre ; et c'est maintenant surtout, que tout

3.

soldat porte dans sa **giberne** le bâton de maréchal !

L'armée n'est plus une caste ; c'est l'incarnation du Peuple. Le fossé qui séparait autrefois l'élément militaire de l'élément civil n'existe plus.

Ce fossé, la redingote de M. de Freycinet l'a comblé !

Admettre la corruption de l'armée, c'est croire à la corruption de la nation elle-même. Accuser les sous-officiers de vol et de concussion, c'est accuser tous ces modestes travailleurs qui, dans nos administrations, tant privées que publiques, dans nos usines, dans nos ateliers, sont les plus intelligents et les plus dévoués auxiliaires de cette prospérité dont notre immortelle Exposition a donné un éclatant témoignage.

Ouvrez les journaux à la *Chronique du Bien*, lisez les comptes-rendus de ces séances où l'Académie française récompense solennellement des actes de vertu ou de haute probité ; prenez connaissance de ces longues listes de médailles qui vont briller, éclatants témoignages de dévouement, sur la poitrine des sauveteurs, et comptez combien de noms d'anciens sous-officiers figurent sur les palmarès de l'honneur!

Pour les besoins de son infâme campagne de calomnies, M. Descaves veut nous faire croire que des gens qui font preuve, après avoir quitté l'uniforme, du désintéressement le plus méritoire, n'ont pas fait sous les drapeaux l'apprentissage de la vertu!

C'est se moquer de nous!

Non! Les soldats d'aujourd'hui sont les dignes fils de leurs aînés et nous pourrions les voir, si des heures lugubres sonnaient encore pour les destinées de la Patrie, sacrifier jusqu'à l'or de leurs galons sur ses autels, et, semblables aux vétérans de l'An II, porter, comme l'a dit Victor Hugo :

L'épaulette de laine et la dragonne en cuir !

M. Descaves ne s'est pas tenu pour satisfait de nous montrer les sous-officiers lâches et cupides, il lui a fallu encore les souffleter avec une abominable accusation d'ivrognerie et de mœurs infâmes.

Alcool et absinthe, voilà leurs dieux !

Femmes mariées, servantes d'auberges, filles de mauvais lieu, sont l'objet de leur exploitation éhontée. Pour en tirer de l'argent, tous les moyens leur sont bons. Ils s'en vantent entre eux. Ils en rient. Leur cynisme laisse bien loin derrière lui celui des rôdeurs de barrière. M. Descaves a cousu le galon de leur grade sur une casquette à trois ponts !

Il nous est douloureux de nous étendre sur un pareil sujet, et, sans notre désir ardent de ne pas laisser debout une seule des poutres de cet échafaudage de carton qu'est *Sous-Offs*, nous nous arrêterions ici.

D'ailleurs, le sujet que nous traitons maintenant est d'une gravité exceptionnelle. Il ne suffit plus de donner un aperçu du livre, il faut en citer des passages entiers, pour n'être point taxé d'invraisemblance et de parti pris dans sa réfutation.

Laissons la parole à M. Descaves. Puisqu'il a osé porter le vilebrequin du cynisme dans le tonneau de la honte, qu'il en boive l'amère liqueur.

Voici des passages entiers de *Sous-Offs* :

Page 45 :

« Deux sous-officiers, au moment de rentrer au
« quartier, heurtèrent deux vieilles femmes en
« cheveux, grelottant, l'une dans un paletot
« d'homme, l'autre dans un vaterproof tren-
« tenaire. »

« — Nous nous retrouverons là, dit Favières.

« Et, sommairement, ils en emmenèrent chacun
« une, droit devant soi... Favières était tombé sur
« le dos, tout à coup impuissant, les yeux déli-
« cieusement frais sous les compresses de nuit
« pleuvante, roulé dans le beuglement de cette for-
« midable bouche d'ombre qui l'injuriait, cracho-
« tait sur sa nudité partielle, tandis que la vieille
« femme rémunérée s'escrimait honnêtement.

« Il retrouva Tétrelle — délesté — qui l'atten-
« dait... »

Page 55 :

« C'est drôle, notait Favières, chez le soldat,
« les sentiments habitent les parties basses ;
« l'âme se répartit dans la culotte, entre la poche,
« la brayette et le fond... »

Décidément, pour la peinture des tableaux infâmes, M. Descaves est sans rival.

Page 59 :

« Petitmangin, de ses nuitées en ville, ne rap-

« portait que des sucreries et des pâtisseries lé-
« gères, pêle-mêle avec du tabac, au fond de ses
« poches... »

Des goûts de petite fille à un militaire? Allons
donc!

Page 5:

« Alors le sergent, les yeux humides, la face,
« cuite, le nez pareil à une langue de feu dans un
« incendie de façade... A peu près ivre, il parlait
« seul, faisait des tournées d'inspection dans les
« compartiments voisins. On devait le hisser. On
« le passait comme un colis triomphal qui
« s'écroulait sous les banquettes. »

Qu'elle invraisemblance! Cet ivrogne amène des
conscrits au régiment!

Page 62 :

« Il s'était assis en tailleur, par terre, devant
« la malle béante, exposant le premier de ses
« compartiments superposés : Un capharnaüm où
« les objets de toilette et d'étagère confondus

« semblaient provenir du pillage d'une chambre
«· de fille. »

C'est clair, cela. L'accusation est précise ! Sans
une citation textuelle, on ne l'eut pas cru.

Page 64 :

« Nous dînons tous les dimanches au restau-
« rant. *Elle* me donne son porte-monnaie avant
« d'entrer et je le lui rends en sortant, après avoir
« payé... par exemple, des cadeaux utiles
« toujours... »

Cela soulève le cœur.

Page 84 :

« Aucun choix n'était possible. Ils empoi-
« gnèrent au hasard les femmes, la mère et la
« fille côte à côte, les renversèrent sur eux tou-
« jours assis...

« Favières exulta lorsque ses approches fourra-
« gères eurent pressenti Généreuse à l'indulgent
« accès d'un praticable estuaire. »

Sans le devoir de révéler tout entières les turpitudes du livre, jamais nous ne nous serions permis de reproduire cette abominable scène!

Page 88 :

Dans une maison publique :

« Des femmes sur les genoux ou collées aux
« flancs, buvant, chantant et fumant, dans une
« atmosphère de luxure et d'ivresse, DES
« SOLDATS... »

Des soldats! M. Descaves ne les a jamais vus
que dans un lieu infâme. Il ignore donc ce que
c'est qu'un champ de bataille?

Page 90 :

Une fille parle à un sous-officier :

« Justement mes amies n'ont personne; elles
« voudraient bien un petit homme comme toi,
« bien gentil, et qui les aimerait bien. Vrai, je
« fais des jalouses. »

Cette fille n'avait donc pas vu les deux sar-
dines d'or?

Page 95 :

« Deux prostitutions se partageaient le soldat
« sans relâche. La Maison se couchait quand s'é-
« veillait le Quartier. »

C'est hideux !

Page 100 :

« — Comment! Vous payez encore le coucher,
« s'écria Devouge, en réponse à l'énumération
« geignarde faite par Tétrelle des frais qu'en-
« traînaient les plaisirs tarifés.

« — Ah! Tu ne voudrais pas. C'est déjà joli de
« ne leur rien donner, protesta Favières.

« — C'est différent... du moment que vous
« mettez du sentiment dans ces choses-là!...

« — Si vous vouliez, je dirais deux mots à
« Laure, qui parlerait à vos femmes... Le Gou-
« vernement ne vous paye pas pour les entrete-
« nir...

« — C'est vrai, insinua Tétrelle. En somme il
« ne nous reste rien entre les mains...

« — L'argent n'a pas d'odeur, rectifia Devouge. »

La langue française n'a pas de mots pour flétrir de semblables indignités !

Page 102 :

« Pâquerette s'était rassise en face de son
« amant ; elle s'accroupit, explora une resserre
« dérobée, parvint à en extraire une pièce blanche,
« qu'elle glissa dans la main de Tétrelle :
« — Règle, dit-elle.
« Il prit l'argent... »

! ! ! ! ! ! ! ! ! ! ! ! ! ! ! ! ! !

Page 110 :

Une fille écrit à son *sous-off :*

« Ne viens donc pas cette semaine. Je ne pour-
« rais pas payer pour toi. »

Quel abîme de scélératesse !

Page 111 :

« Autour d'eux, la boue montait, plus dense.

« Comme les femmes continuaient à payer les
« consommations, et qu'elles ne se trouvaient pas
« toujours là, quand le garçon rapportait la mon-
« naie, Tétrelle réduisait le pourboire au strict
« convenable, et empochait la différence.

« Ce qui tombe au fossé est pour le soldat, di-
« sait Devouge. »

Ce qui tombe à l'égoùt du mépris c'est un roman souillé de pareilles calomnies !!!

Page 125 :

« C'était Blanc, le sergent de la classe, se soù-
« lant effroyablement avec les pompiers de Neu-
« ville, sous prétexte d'apprendre les batteries à
« leur tambour.

« C'était Edeline, réussissant à s'introduire
« dans toute une famille... Il dînait, flattait le
« père, s'insinuait dans les BONNES GRACES de la
« mère, tout prêt d'atteindre son but. Le gîte, la
« table et... le reste, ce qu'il appelait les acces-
« soires de solde.

L'insulte à la famille, maintenant !

Page 120 :

« Civil, dans la bouche du soldat, cela n'a d'é-
« quivalent que PANTE dans l'argot des soute-
« neurs. »

Quelles expressions ! C'est sans doute dans
les carrières d'Amérique que le pamphlétaire
les a recueillies :

Page 193.

« Des soldats attirés par le fracas de la musi-
« que avaient envahi la salle, s'y bousculaient
« pour tarir les bouteilles, recueillir le fond des
« verres, boire au moins l'ivresse des autres,
« pendant que Blanc, à croupetons dans un coin,
« facilitait paisiblement la libération de son es-
« tomac. »

Cela se passe le 14 Juillet, dans une cantine
où nos braves sous-officiers célèbrent par un
banquet fraternel notre grande fête nationale !

Page 201 :

« C'était jour de repos officiel, jour de trève.
« Le gros numéro et le numéro matricule pre-
« naient *campos*. La Prostituée suspendait l'a-
« dultération du sang français QUE LA PATRIE LUI
« ABANDONNE, quand ses chantiers de carnage n'en
« ont pas soif. »

C'est encore le 14 juillet, qu'on n'a pas honte de
choisir, pour lancer un crachat à la face de la
Patrie !

O jour anniversaire de la prise de la Bastille,
jour immortel, où le sang d'un peuple secouant
ses chaines a scellé le monument de la Liberté
future, c'est en vain que des reptiles visqueux
essayent de te souiller de leur bave; tu es un so-
leil radieux et sans tache, qui planes trop haut
dans les cieux modernes pour que l'outrage
puisse t'atteindre jamais !

Une imagination en délire aura beau vouloir te
représenter, fête auguste, comme une odieuse
saturnale, comme une priapée abjecte, tu n'en res-
teras pas moins le grand jour, sacré entre tous, où

pas un Français — si ce n'est peut-être M. Descaves
— n'oserait se déshonorer par une intempérance
qui ferait la joie de nos ennemis !

Ils ne sont pas nés en France, les ivrognes du
14 Juillet !

Toutes les concessions qu'on peut accorder à la thèse de M. Descaves, elles ont été énumérées par la plume trop impartiale peut-être de M. Edmond Lepelletier.

« Tous nos sous-officiers, écrivait-il dans l'*Écho*
« *de Paris* du 15 décembre 1889, ne sont pas des
« anges. Il est parmi eux, comme partout, des
« souteneurs, des hypocrites, des lâches, des dé-
« bauchés, des filous et des Alphonses. Ils *sor-*
« *tent de la société, les sous-offs, avant de sor-*
« *tir du rang.*

« Mais tous des misérables, des gibiers de
« lupanar, en attendant qu'ils deviennent gibier
« de bagne ou de peloton, allons donc !

« Ce n'est pas seulement calomnier les gradés
« de la jeunesse armée, c'est insulter odieuse-
« ment toute la jeunesse française. »

L'éminent écrivain, à qui nous empruntons ces
lignes, a dû se borner, dans un article de journal,
à montrer l'exagération cynique des reproches
adressés aux mœurs des sous-officiers. Il a mon-
tré ce qu'ils ne sont pas, nous allons faire voir ce
qu'ils sont.

Qui n'a pas vu, par un radieux matin de prin-
temps, par une belle après-midi d'été, par un
beau ciel d'automne clair et rose, le pays et la
payse, ce couple légendaire, s'avancer à pas lents,
côte à côte, pleins d'affectueux respects mutuels, et
chuchotant, avec une passion contenue, des mots
d'amour? — Vision attendrissante que l'un de nos
poëtes militaires les plus distingués rendait en
ces vers mâles et vigoureux, où il rappelle ses
modestes plaisirs hors de la caserne :

> Le soir tombait, un soir équivoque d'automne
> Les bonnes se pendant rêveuses à nos bras,
> Dirent alors des mots si spéciaux, tout bas,
> Que notre âme depuis ce temps tremble et s'étonne.

Et ce sont ces gens là qui ne connaîtraient d'autre distraction que les plaisirs malsains des maisons de débauche, dont ils mettraient les filles en coupe réglées !

Ce n'est pas à dire, certes — et M. Edmond Lepelletier en a fait la judicieuse remarque — qu'on ne voie jamais la capote à galons étalée sur des canapés suspects. Mais, si certains civils mettaient un peu plus de discrétion dans les invitations qu'ils adressent à nos sous-officiers, de pareils faits n'auraient guère d'exemple.

D'ailleurs, une chute n'est jamais irrémédiable. Si bas qu'on soit entraîné, on peut toujours s'arracher à l'influence néfaste des mauvais conseils et rentrer dans le chemin du devoir et de l'honneur.

Nous n'en voulons pour témoin que cette citation d'un beau livre de C.-J. Lecour, la *Prostitution à Paris et à Londres* : « Le tragique, c'est ce militaire qui, en 48, entré pendant la nuit dans un lieu de débauche, se réveillait le lendemain dans les bras de sa sœur. »

L'auteur ne nous donne pas la suite de cet

épouvantable récit, mais d'autres la connaissent. Le militaire, devenu sous-officier, sut faire des économies pour payer les dettes de sa sœur et l'arracher à l'infamie. Il la maria à un de ses collègues. Elle fut bonne épouse et bonne mère.

Nous n'avons pas parlé jusqu'ici du mariage des sous-officiers. C'est un sujet que M. Descaves a traité avec son venin habituel. Il n'a pas hésité à nous montrer le cantinier du régiment qu'il met en scène, marié avec une coquine de bas étage, dont la seule préoccupation est de le tromper.

Vous êtes là pour répondre, noble pléïade de Françaises, héroïnes modestes, toutes cantinières, qui avez reçu la croix de la Légion d'honneur : Veuve Perrot, décorée en Afrique ; Annette Drevon, décorée en 1859, pour action d'éclat sur le champ de bataille de Magenta, où vous avez sauvé le drapeau du deuxième zouaves ; Perrine Cros, du

4.

bataillon de chasseurs à pieds de la garde impériale, blessée à Palestro et à Magenta ; Jeanne Bonnemère, du 21ᵉ régiment d'infanterie, médaillée en 1870, pour avoir avalé une dépêche au moment où les Prussiens s'emparaient de vous !

Si toutes les femmes de sous-officiers ne sont pas arrivées à votre gloire, du moins donnent-elles dans leur ménage l'exemple de toutes les vertus civiques, qui sont l'apanage de la Française.

Celles-ci, lorsque leurs maris, ayant quitté l'armée, occupent une de ces places accordées si libéralement par l'Etat à ses anciens serviteurs; celles-là apportent dans la vie civile l'exemple de toutes les qualités militaires. Elles nous préparent une génération forte et saine, ornement de nos sociétés de gymnastique et de nos orphéons ; et le jour venu, elles n'hésiteraient pas, comme les mères spartiates, à envoyer leurs fils au combat. Elles leur mettraient elles-mêmes dans la main l'arme vengeresse, en criant, sans pâlir :

— Voilà le sabre de ton père!

Il est temps de conclure.

Que reste-t-il de l'œuvre de M. Descaves ?

Dans l'opinion publique, elle est jugée. Ce n'est pas seulement un mauvais livre, c'est une mauvaise action. Les esprits, un instant troublés par l'audace des attaques contre notre armée, se sont heureusement rassérénés. Le peuple français tout entier sait qu'il peut avoir confiance dans ses défenseurs, et les familles, lorsque leurs enfants quittent le foyer pour aller payer l'impôt du sang, les confient joyeusement à la Caserne, comme à une école de dévouement et d'honneur.

La tentative anti-patriotique de M. Descaves a échoué. Il n'a plus, maintenant, devant le flot una-

nime des réprobations, qu'à courber la tête comme
un coupable démasqué.

S'il lui reste au fond du cœur quelque chose
de ce qui constitue un Français, il doit faire d'a-
mères réflexions.

Le remords doit hanter vos nuits, M. Descaves.
Comme les petits soldats du magnifique tableau
de Detaille regardent passer en rêve les grands
ombres glorieuses des aïeux, qui, la face auréolée
de gloire, agitent d'illustres drapeaux, vous devez
voir, dans vos sommeils troublés de cauchemars,
les spectres des héros que vous avez insultés, tendre vers votre front des bras accusateurs !

Par toutes leurs blessures béantes, ils crient
vengeance contre vous.

Puissiez-vous, rentrant enfin en vous même,
faire amende honorable ; et, si vous ne brisez pas
votre plume, après en avoir fait une arme empois-
sonnée, l'employer maintenant à cicatriser les
plaies qu'elle a ouvertes.

Quant à vous, sous-officiers, héros modestes, serviteurs obscurs et dévoués de la plus noble des causes, ne vous inquiétez pas des viles attaques dirigées contre vous.

La patrie vous couvre de son palladium.

« Voulez-vous mon avis, mes chers sous-offs ? « écrivait M. Saint-Genest dans le *Figaro* du 13 dé-« cembre 1889 ; ne vous inquiétez pas : cela n'est « rien. Secouez dédaigneusement la boue que « l'on vous jette, et continuez à porter la tête « haute, car tous ceux qui vous attaquent vou-« draient bien avoir la considération dont vous « jouissez. »

165

Imp. BEAUDELOT et MÉLIÈS, 16, rue de Verneuil, Paris.

Défauts constatés sur le document original

www.ingramcontent.com/pod-product-compliance
Lightning Source LLC
LaVergne TN
LVHW022020080426
835513LV00009B/816